28,

Zezé!

Oi? O quê?

Catalogação na Fonte elaborada por: Josefina A. S. Guedes - Bibliotecária CRB 9/870

M444z
2023

Mattos, Márcia
Zezé! Oi? O quê? / Márcia Mattos ; ilustrado por Junior Marques. – 1 ed. – Curitiba : Appris, 2023.
24 p. : il. color. ; 23 cm.

Título da coleção geral.
ISBN 978-65-250-5323-3

1. Literatura infantojuvenil. 2. Pessoas com deficiência auditiva. 3. Integração social. I. Título.

CDD – 028.5

Editora e Livraria Appris Ltda.
Av. Manoel Ribas, 2265 – Mercês
Curitiba/PR – CEP: 80810-002
Tel. (41) 3156 - 4731
www.editoraappris.com.br

Printed in Brazil
Impresso no Brasil

FICHA TÉCNICA

Márcia Mattos

Zezé!

Oi? O quê?

Ilustrado por **Junior** Marques

A TODA A MINHA FAMÍLIA, PRINCIPALMENTE A PATERNA, QUE COMPARTILHOU COMIGO GENTIL E FRANCAMENTE SUAS EXPERIÊNCIAS EM RELAÇÃO À DEFICIÊNCIA AUDITIVA.

AGRADECIMENTOS

A TODOS QUE CONFIARAM, ACREDITARAM NO MEU POTENCIAL, QUE ORARAM POR MIM E ME DISSERAM, COM TODA FRANQUEZA, O QUE PENSAVAM A RESPEITO DAS MINHAS PRODUÇÕES.

DESDE PEQUENINO, ZEZÉ ERA **DIFERENTE** E ESSE SEU JEITO DE SER CHAMAVA ATENÇÃO **DA GENTE.** ESTAVA SEMPRE DISTRAÍDO, PARECIA MEIO **AVOADO.** QUANDO CHAMAVAM POR ELE, CONTINUAVA **SENTADO.**
OLÁ! EU SOU O **DOUTOR ORELHA** E VOU CONTAR MUITAS CURIOSIDADES PRA VOCÊ AQUI NO LIVRO. FIQUE LIGADINHO!

VOCÊ SABIA?

NO BRASIL,
TODOS OS BEBÊS
FAZEM O TESTE DA
ORELHINHA LOGO AO
NASCEREM PARA QUE A
DEFICIÊNCIA AUDITIVA
SEJA DIAGNOSTICADA
O MAIS CEDO
POSSÍVEL.

SABÃO

PÃO

BOLO

POLVO

ERA INCOMPREENDIDO,
O ACHAVAM **TEIMOSO**
POIS NÃO ATENDIA O CHAMADO
NEM PARA O **BOLO GOSTOSO.**
QUANDO COMEÇOU A FALAR,
AUMENTOU A CONFUSÃO
MISTURAVA AS PALAVRAS
CONFUNDIA **SABÃO COM PÃO.**

NA HORA DE VER TV,
QUERIA O SOM NA MAIOR **ALTURA**
ATÉ O VIZINHO RECLAMAVA
TANTO BARULHO, **NINGUÉM ATURA!**
VOL
VOCÊ SABIA?
FALAR MUITO ALTO, ASSISTIR À TV MUITO ALTO E CONFUNDIR AS PALAVRAS PODEM SER INDÍCIOS DE PERDA AUDITIVA.

PARA BATER PAPO COM A TURMA,
FALAVA SEMPRE **MUITO ALTO**
PARECIA ESTAR BRIGANDO
ERA UM PROBLEMA, **DE FATO.**

ELE, POR ALGUM TEMPO,
PASSOU POR **SOFRIMENTO**
SOFREU CHACOTAS DOS COLEGAS
HUMILHAÇÃO **SEM CABIMENTO.**
ÀS VEZES, ATÉ PREFERIA
FINGIR QUE OUVIA **BEM**
TUDO ISSO PARA EVITAR
SER ZOADO POR **ALGUÉM.**

A FAMÍLIA PRESTOU ATENÇÃO
E TEVE UMA DESCONFIANÇA
SERÁ QUE ESSE MENINO É SURDO?
E COMEÇOU A ANDANÇA.
LÁ NO POSTO DE SAÚDE,
PROCURARAM UM ESPECIALISTA
DE NOME MUITO COMPRIDO,
O **OTORRINOLARINGOLOGISTA.**

VOCÊ SABIA?
O OTORRINOLARINGOLOGISTA
É O ESPECIALISTA QUE CUIDA
DA SAÚDE DO OUVIDO, DA
GARGANTA E DO NARIZ.

E ENTÃO, DEPOIS DOS EXAMES,
VEIO A **RESPOSTA ESPERADA:**
O ZEZÉ NÃO ESCUTA BEM,
MAS SEU OUVIDO **NÃO TEM NADA.**
COMO ASSIM?
PERGUNTA A MÃE CHEIA DE **CURIOSIDADE.**
NÃO ESTOU ENTENDENDO NADA!
EXPLIQUE, **POR CARIDADE.**

VOCÊ SABIA?
NEM SEMPRE A PERDA AUDITIVA ESTÁ ASSOCIADA A ALGUM PROBLEMA NO OUVIDO PROPRIAMENTE DITO.

VOCÊ SABIA?
A AUDIÇÃO DEPENDE DO OUVIDO E DAS PARTES DELE, MAS O CÉREBRO É QUE PROCESSA AS MENSAGENS E FAZ COM QUE A GENTE COMPREENDA O QUE FOI FALADO.

ELA PENSAVA QUE O ZEZÉ
PASSARIA POR **CIRURGIA,**
JÁ PENSAVA NA BAGUNÇA
QUE ISSO FARIA, MUDANDO SEU **DIA A DIA**
OU ENTÃO QUE TIVESSE UM REMÉDIO
ALGO MEIO **MILAGROSO**
QUE RESOLVESSE O PROBLEMA
QUE NEM BOLDO **AMARGOSO.**

MAS O CAMINHO ERA MAIS LONGO
DO QUE A MÃE **IMAGINAVA**
POIS, PRA CONSERTAR O CÉREBRO,
NENHUM REMÉDIO **BASTAVA.**
ZEZÉ PRECISAVA DE APARELHO
PARA MELHORAR A **AUDIÇÃO**
ENTENDER BEM AS PALAVRAS
E ACABAR COM A **CONFUSÃO.**

VOCÊ SABIA?
PESSOAS COM SURDEZ PARCIAL DEIXAM DE OUVIR MUITOS SONS QUE OUVIMOS O TEMPO TODO. QUANTO MAIS PROFUNDA A PERDA, MENOS DETALHES ELE PERCEBE.

O APARELHO FICA NO OUVIDO
EIS AÍ O **MISTÉRIO,**
MAS FAZ EFEITO NO CÉREBRO
EM UM DOS **HEMISFÉRIOS.**
NÃO VÁ PENSANDO QUE É FÁCIL
TORNAR-SE UM **"ESCUTANTE"**
ZEZÉ FICAVA NERVOSO
OUVINDO O QUE **NÃO OUVIA ANTES.**

ERA GRILO, PASSARINHO,
O ÔNIBUS NA RUAZINHA
A TORNEIRA A PINGAR
E O SALTO DA VIZINHA.
TODOS ESSES BARULHOS
LÁ NA CABEÇA DO **ZEZÉ.**
PARA MANTER A PACIÊNCIA
SÓ MESMO TENDO **FÉ.**

NÃO FOI NADA FÁCIL PARA ELE
ENCARAR ESSA **JORNADA**
SÓ DEU CONTA DO RECADO
COM APOIO DA FAMÍLIA **AMADA.**
ATÉ HOJE O ZEZÉ
TEM QUE DAR **EXPLICAÇÃO**
DESFAZER MAL-ENTENDIDO
MOSTRAR QUE TEM **EDUCAÇÃO.**

E POR ISSO EU TE PEÇO
TENHA **COMPREENSÃO**
SE ALGUÉM ESCUTA POUCO,
NÃO É POR **OPÇÃO.**
FALE PAUSADAMENTE
E OLHANDO PARA PESSOA
LENDO A **SUA BOCA**
ELE ENTENDE **NUMA BOA.**

DOUTOR ORELHA APRESENTA:
O ALFABETO EM LIBRAS

LI	BRA	**S**
Língua	Brasileira	**de Sinais**

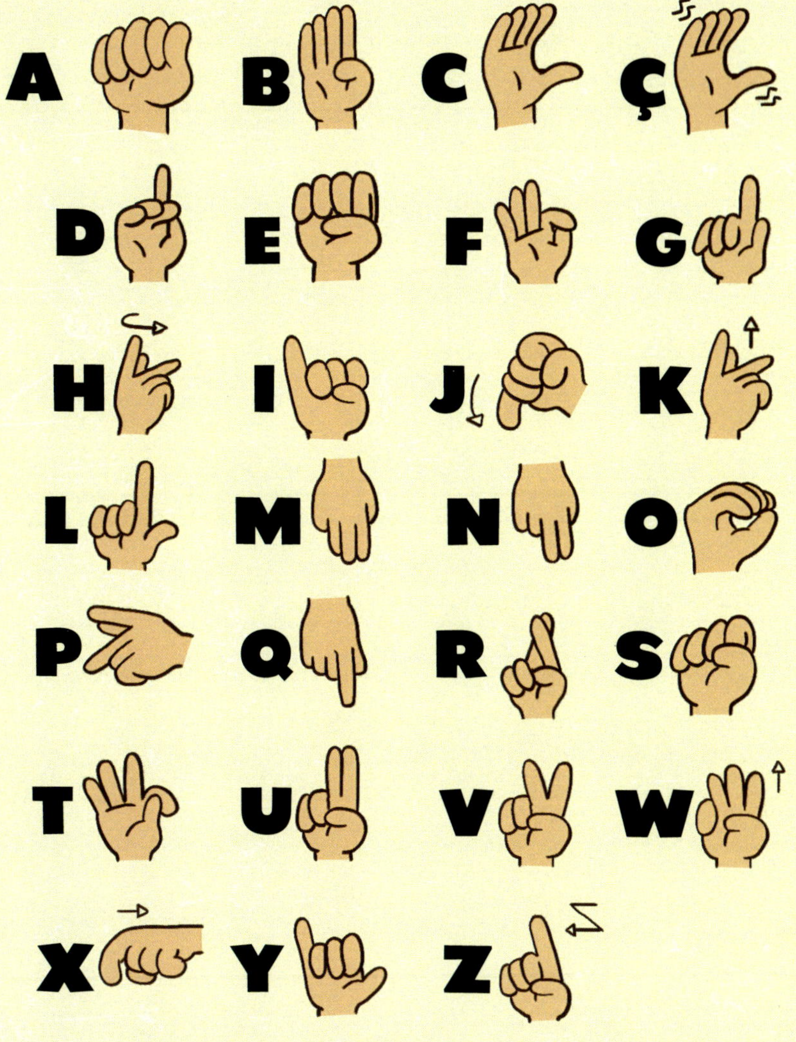

Como brincar:

Recorte as fichas e dívida entre os jogadores.
Cada jogador, em sua vez, deverá falar a palavra da sua ficha sem emitir som.
Os outros jogadores deverão adivinhar o que ele está falando.

ABACAXI	BONECA	DINHEIRO	ELEFANTE
FORMIGA	GOIABA	IGREJA	JANELA
LUA	MÚSICA	NOVELO	ÓCULOS
PETECA	QUEIJO	RATO	SAPATO
TUCANO	URUBU	VACA	XUXA

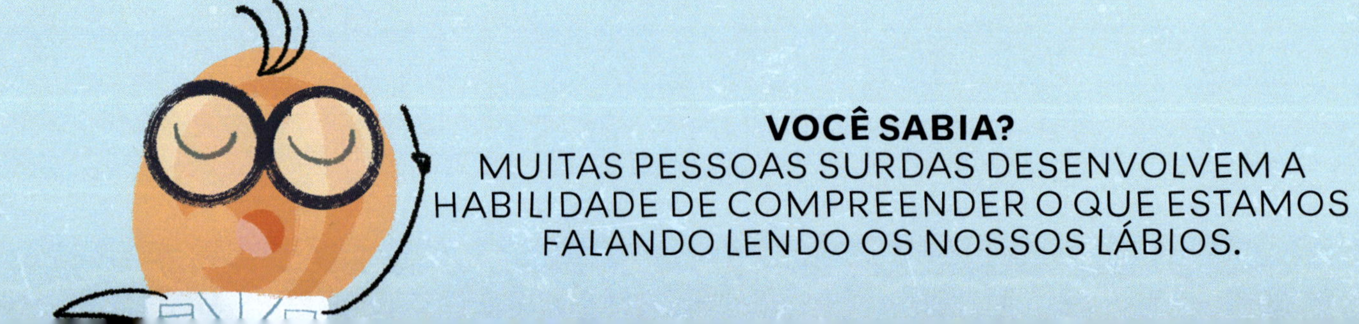

VOCÊ SABIA?

MUITAS PESSOAS SURDAS DESENVOLVEM A HABILIDADE DE COMPREENDER O QUE ESTAMOS FALANDO LENDO OS NOSSOS LÁBIOS.

PARA COLORIR

PARA COLORIR

MEU NOME É MÁRCIA MATTOS E SOU PROFESSORA DE EDUCAÇÃO INFANTIL. TAMBÉM SOU PSICÓLOGA E PSICOPEDAGOGA.

JUNIOR MARQUES É ILUSTRADOR COM ÊNFASE EM DESIGN DE PERSONAGENS, COMPOSIÇÃO DE LIVROS INFANTIS E UM VASTO REPERTÓRIO DE TÉCNICAS, DESDE O DIGITAL AO ANALÓGICO.